I0000199

LE PLÉBISCITE

---

aux Electeurs

DU
CANTON DE PESMES

Mes chers Compatriotes,

L'Empereur fait appel à votre bon sens et à votre patriotisme pour l'aider à fonder, sur de solides bases, l'union de l'Empire et de la Liberté.

A ce nouvel appel de l'Élu du peuple, vous vous porterez en masse au scrutin du 8 mai, et vous répondrez OUI, comme vous l'avez fait en 1851, lorsqu'il vous demandait le pouvoir nécessaire pour rétablir l'ordre et la prospérité publique.

Depuis vingt-cinq ans j'ai l'honneur de vous représenter au Conseil général. Je ne peux mieux vous témoigner ma reconnaissance qu'en cherchant à vous éclairer sur le sens et la portée du *Plébiscite* qui vous est soumis.

C'est ce que j'ai essayé de faire dans les pages suivantes que vous lirez avec confiance, car elles sont la fidèle expression de la vérité.

Croyez, mes chers compatriotes, à tout mon dévouement,

F. PERRON,
Conseiller général.

LE PLÉBISCITE

Au moment où la France est appelée à se prononcer sur les réformes libérales que le gouvernement propose d'introduire dans la Constitution, il importe de mettre chaque électeur à même de voter en connaissance de cause. Tel est le but de cet écrit.

Qu'est-ce qu'un plébiscite

Quel usage en a-t-on fait ?

Quand faut-il y avoir recours

Qui a le droit de le provoquer ?

Quelle sera la signification du nouveau plébiscite ?

Quels sont les devoirs du pays en présence de
l'appel qui lui est fait ?

Nous allons répondre brièvement à ces questions.

I

Qu'est-ce qu'un plébiscite ?

Le plébiscite est l'*expression de la volonté du
peuple*.

Ce mot nous vient des Romains qui s'en ser-
vaient pour désigner les lois que le peuple
avait votées.

Partout où le peuple est souverain, chacun
est obligé de se soumettre à sa volonté.

Cette volonté ne connaît pas de limites ; le
peuple est maître de se donner les lois qu'il
veut et de choisir, entre les différentes formes

de gouvernement, monarchique ou républicain, celle qui lui paraît le plus conforme à ses goûts, à ses habitudes, à ses intérêts.

Sans doute la génération présente n'a pas le droit d'engager les générations futures ; mais les générations qui ne sont pas encore ne peuvent empêcher celle qui existe de s'engager elle-même et de faire ce qui lui plaît.

—

Le mot *peuple* n'a pas toujours signifié comme aujourd'hui, la nation tout entière.

Sous l'ancien régime, le peuple se composait uniquement des classes pauvres et laborieuses qui, n'ayant aucun droit politique ou civil, ne comptaient pour rien dans l'Etat. Les classes supérieures ; le clergé, la noblesse, la bourgeoisie, dont chacune avait ses privilèges, faisaient point partie du peuple.

—

La Révolution de 89 proclama, pour la première fois, l'égalité de tous, sans distinction de dignités, de naissance ni de fortune.

Mais cette égalité ne fut maintenue que dans l'ordre civil : dans l'ordre politique l'égalité dura peu. La Restauration rendit à la fortune ses privilèges que le Gouvernement de juillet lui conserva. Les riches seuls avaient alors le droit de participer à la rédaction des lois et à la conduite des affaires du pays ; la masse de la nation en était exclue.

—

C'est la Révolution de 1848 qui rétablit l'égalité politique en proclamant le suffrage universel, c'est-à-dire le droit pour chaque citoyen, pauvre ou riche, d'élire et d'être élu.

Mais bientôt l'assemblée législative mutila le suffrage universel, en le faisant dépendre de certaines conditions qui supprimaient la moitié des électeurs.

Cet acte de spoliation fut annulé par le Prince que la volonté nationale avait placé à la tête de la République. Une fois maître de la situation, Louis-Napoléon s'empressa de rendre à tous les citoyens l'intégralité de leurs droits.

Vingt ans se sont passés depuis lors : le suffrage universel a plusieurs fois fonctionné ; il est entré dans les mœurs de la nation, et, désormais, aucune puissance ne serait capable de le supprimer ou seulement de le restreindre.

Ainsi, depuis la Révolution de 89, la France jouit de l'égalité civile et, grâce à la Révolution de 48 et à l'Empereur, elle est aujourd'hui en pleine possession de l'égalité politique.

C'est par cette double égalité que le peuple français est véritablement souverain, c'est-à-dire maître absolu de ses destinées.

Nulle part, même dans les républiques les plus démocratiques, le peuple n'est investi de droits aussi étendus, aussi complete ; et, quand a nouvelle constitution aura été ratifié par le

suffrage universel, la France sera la nation la
plus libre de la terre.

II

Quel usage a-t-on fait du plébiscite ?

Avant la grande Révolution, nos rois avaient
de temps à autre convoqué ce qu'on appelait
alors les *Etats*, qui se composaient des repre-
sentants du clergé, de la noblesse et de la bourgeoisie, pour aviser aux moyens de sortir de
graves embarras et en obtenir des secours en
hommes et en argent ; mais le peuple propre-
ment dit n'y jouait aucun rôle, il n'y figurait
même pas. Ce n'est qu'à partir de 89 que la
nation tout entière apparaît sur la scène et peut
faire entendre sa voix.

Cependant ses représentants, apres avoir
donné à la France une constitution nouvelle,
ne crurent pas devoir la soumettre à son ac-
ceptation. La première constitution que le
peuple fut appelé à ratifier, dans ses assemblées

primaires, est celle de la République, en 93. La seconde a été la constitution du Directoire, qui se traîna plutôt qu'elle ne vécut jusqu'à la révolution du 18 brumaire, et fut remplacée par la constitution consulaire de l'an VIII.

—

Deux millions de suffrages avaient accepté la première constitution républicaine ; celle du Directoire n'en obtint qu'*un million*, tant la France s'était promptement fatiguée d'un régime qui n'était pas fait pour elle ! Mais elle acclama trois fois, par *quatre millions* de voix, la constitution de l'an VIII qui, d'abord, lui donna Napoléon pour chef, qui en fit ensuite un consul à vie, puis bientôt un empereur héréditaire.

La Restauration et le Gouvernement de Juillet crurent pouvoir se passer de l'assentiment du peuple. La Charte de 1814 nous fut *octroyée* par Louis XVIII, en vertu du pouvoir qu'il prétendait tenir de Dieu et de ses ancêtres. Louis-Philippe accepta la couronne et la Charte de 1830 des mains de 221 députés que la France n'avait point chargés d'une pareille mission. La Constitution républicaine de 1848 ne fut même pas soumise à la ratification du peuple.

Mais avec le retour d'un Napoléon, le plébiscite reprend ses droits, et, chaque fois que l'héritier de ce grand nom s'adresse à la France elle lui répond par des acclamations de plus en plus nombreuses.

Six millions de suffrages avaient appelé le Prince Louis-Napoléon Bonaparte à la présidence de la République ; trois ans après, *sept millions et demi* ratifient sa courageuse résolution du 2 décembre et lui confient les pouvoirs les plus étendus ; enfin, l'année suivante, voulant à la fois lui témoigner sa reconnaissance et se préserver de nouveaux bouleversements, la nation rétablit, par *huit millions* de voix, le trône impérial en sa faveur.

Ainsi, la dynastie napoléonienne est la seule qui ait voulu tenir ses pouvoirs du peuple ; et, depuis le commencement du siècle, à chaque appel qu'elle a fait au pays, le pays lui a répondu par de nouvelles marques de confiance et de dévouement.

Les résultats du plébiscite qui se prépare prouveront que les sentiments de la France n'ont pas changé.

III

Quand faut-il recourir au plébiscite

Dans les petits Etats, comme certains cantons de la Suisse, où tous les citoyens se connaissent et dont les intérêts ne s'étendent guère au delà de leurs étroites limites, les lois, les règlements même peuvent, sans inconvénient, être soumis à la ratification du peuple.

Mais, dans une nation comme la France, qui compte près de 40 millions d'habitants, dont les intérêts sont si multipliés et qui se trouve en rapport avec tous les peuples du monde, les ois qui embrassent cette multitude de rapports et d'intérêts différents sont tellement au-dessus de l'intelligence de la masse des citoyens, qu'il serait absurde de les soumettre à ses délibérations et que, lors même qu'elle serait capable d'en connaître, elle n'en aurait ni le temps ni la volonté.

Le peuple a bien autre chose à faire que de passer sa vie dans les comices : c'est pour cela qu'il confie à ses représentants et au chef de l'État le soin de faire, en son nom, les lois et les réglements qu'exigent les intérêts du pays.

—

Il en est tout autrement quand il s'agit de déterminer les points fondamentaux d'une constitution, les principes mêmes de l'organisation politique et civile de l'État. Ici, la nation peut d'autant plus facilement se prononcer que ces principes sont très-simples, peu nombreux, qu'ils touchent à ses plus chers intérêts et que

les circonstances où ils doivent être soumis
à ses délibérations sont fort rares.

Ces circonstances, en effet, se présentent une
fois, tout au plus, pour chaque génération, et il
suffit du plus vulgaire bon sens pour se décider, par exemple, entre le suffrage universel et
le suffrage restreint, entre le maintien et l'abo-
lition du droit de propriété, entre la liberté et
le despotisme, entre la monarchie et la république, entre un souverain héréditaire, qui
donne la sécurité indispensable au développement des intérêts, et un chef soumis à de
élections plus ou moins fréquentes, qui agitent
périodiquement le pays en ouvrant la porte
à toutes les ambitions.

Pour se prononcer là-dessus, pas n'est besoin
de longues études. Il n'en faut pas davantage
pour choisir, entre ceux qui aspirent à gou-
verner l'État, le chef qui répond le mieux aux
sympathies de la nation et qui lui offre les
plus solides garanties.

IV

Qui a le droit de provoquer un plébiscite?

Ce droit n'appartient qu'au peuple qui, ne pouvant l'exercer par lui-même, est obligé de le déléguer à quelqu'un. Or, il l'a délégué au chef de l'Etat, et il ne pouvait le confier à aucun autre. Ce n'est pas au Sénat, dont les membres sont nommés par l'Empereur, qu'il appartient d'interroger la nation ; ce n'est pas plus au Corps législatif, qui est chargé de faire les lois, mais non de décider les questions fondamentales dont dépend l'avenir du pays.

Chaque député, d'ailleurs, ne représente que la circonscription qui l'a nommé, l'Empereur seul représente la nation toute entière; il a donc seul le droit de la consulter.

D'un autre côté, l'appel au peuple est souvent le seul moyen de mettre fin aux différends qui peuvent s'élever entre le souverain et les grands corps de l'Etat; or, qu'arriverait-il si, pour faire usage de ce moyen suprême, il fallait l'assentiment des sénateurs et des députés? N'est-il pas à craindre qu'ils le refusent, et qu'alors le pays ne puisse sortir d'embarras que par une révolution

Au reste, ce droit du souverain est tellement incontestable que toutes les institutions monarchiques, même les plus libérales, le lui reconnaissent. N'est-ce pas au chef de l'Etat, seul, qu'elles attribuent le pouvoir de suspendre, de proroger, de dissoudre les Chambres, c'est-à-dire d'en appeler à la nation?

V

Que signifiera le nouveau plébiciste ?

Il y a dans la Constitution acceptée par le peuple, en 1852, des points fondamentaux qui ne sauraient être remis en question; mais les circonstances ne sont plus aujourd'hui les mê-

mes. Le rétablissement de l'ordre et de la sécurité publique était alors le premier besoin du
pays. Dans ce but, la Constitution dut accorder
à l'Empereur une autorité presque sans limites,
et au Sénat des prérogatives particulières, en
même temps qu'elle imposait au Corps législatif et à plusieurs de nos libertés des restrictions
que chacun jugeait nécessaires..

Cet état de choses, qu'on a justement appelé
le règne du pouvoir *personnel* ou de l'Empire
autoritaire, n'était que transitoire ; il devait dis-
paraître avec les dangers qui l'avaient fait
naître.

L'Empereur a été le premier à le compren-
dre, et il n'a pas attendu que la nation lui re-
demandât ses libertés pour les lui rendre. Par
des concessions successives, qui remontent à
1860, il a préparé peu à peu, sans secousse, le
pays au régime libéral qu'il avait annoncé
comme devant être le *couronnement de l'édifice*,

et que les dernières réformes soumises au peuple sont destinées à compléter.

Désormais, le souverain n'est plus maître absolu du gouvernement. S'il reste toujours responsable de la conduite des affaires, il ne les décide plus par sa seule volonté ; il a besoin du concours des grands corps de l'Etat et de celui de ses ministres, qui répondent de leurs actes comme des siens devant la nation.

—

L'Empereur n'a conservé de son pouvoir que ce qui lui est indispensable pour maintenir l'ordre et la sécurité publique.

Ce rare exemple d'abnégation sera l'un de ses plus beaux titres de gloire aux yeux de la postérité.

—

Le Sénat n'est plus seul gardien de nos lois fondamentales ; le pouvoir constituant, qui lui

était attribué, a été rendu à la nation. Cette
haute assemblée devient une seconde Chambre
législative, chargée plus spécialement d'examiner avec maturité, de contrôler et de perfectionner les lois votées par la Chambre des représentants, d'empêcher les conflits qui pourraient s'élever entre cette Chambre et le
Souverain; et, bien que les sénateurs soient
encore à la nomination de l'Empereur, ils ne
peuvent être pris que parmi les illustrations de
la France, ou dans les hommes les plus recommandables par leurs talents et leurs services.

Le Corps législatif a, comme le Sénat, le
droit non seulement de voter ou de rejeter
les lois, mais aussi de les amender, d'en présenter d'autres et d'interpeller le Ministère
sur tout ce qui peut intéresser le pays. Une
nouvelle loi électorale va bientôt augmenter
le nombre des députés, déterminer les circonscriptions qui les nommeront et mettre les

élections à l'abri de toute intervention illégitime.

—

La centralisation administrative, qui nuisait souvent à la prompte expédition des affaires, sera réduite autant que le permet la nécessité de conserver notre puissante unité nationale.

Les attributions des conseils généraux et municipaux seront augmentées ; les maires, quoique toujours nommés par le Pouvoir exécutif, ne pourront plus être pris en dehors des conseillers élus par la commune.

La presse, depuis quelque temps, est libre, sa liberté va même jusqu'à la licence. Cette situation sera bientôt régularisée par une loi qui défère au jury les délits et les crimes que les joürnaux peuvent commettre.

—

Telles sont les principales réformes introduites par l'initiative de l'Empereur et le concours

des grands corps de l'Etat dans la Constitution de 1852. Elles ont une telle importance qu'elles forment comme une Constitution nouvelle, la Constitution de l'Empire *libéral* succédant à l'Empire *autoritaire*.

C'est précisément l'importance de ces réformes qui a déterminé l'Empereur, malgré l'opposition qu'il a rencontrée, à les soumettre à l'approbation du peuple. Il a pensé, avec raison, qu'un changement de régime aussi radical lui imposait l'obligation de consulter le pays, comme il l'avait fait en 1852, et que la nouvelle Constitution recevrait de l'assentiment national une autorité devant laquelle tous les partis seraient forcés de s'incliner.

Tel est l'objet du nouveau plébiscite.

—

La question sur laquelle le peuple est appelé se prononcer, le 8 mai prochain, se réduit donc à des termes fort simples :

« La France accepte-t-elle les réformes libérales que l'Empereur, d'accord avec le Chambre des députés et le Sénat, lui propose d'introduire dans la Constitution? »

La réponse n'est pas douteuse. Puisque, grâce à l'Empereur, la tranquillité publique ne court plus de danger sérieux, quel Français pourrait hésiter à se prononcer en faveur de l'Empire libéral?

Mais encore faut-il se *prononcer*, et c'est ici que se pose notre dernière question.

VI

Quels sont les devoirs du pays en présence de l'appel qui lui est fait?

Son devoir est de *voter*. S'il ne s'agissait que du rétablissement de la liberté, l'assentiment serait unanime ; mais il faut compter avec les partis qui transformeront cette question si simple en une question de révolution, qui profiteront de cette occasion solennelle pour protester contre le maintien de l'Empire et n'épargneront aucun moyen pour engager ceux qu'ils abusent à dire *non* ou à *s'abstenir*.

C'est pour cela que tous ceux qui ont quelque chose à perdre dans le désordre, ou à gagner dans le développement régulier du travail national, l'ouvrier comme le patron, le cultivateur comme le propriétaire, le pauvre comme le riche, tous sont tenus de se rendre au scrutin. L'abstention ici serait plus que de l'indifférence, ce serait une lâcheté, une trahison envers le pays.

Un législateur de l'antiquité punissait de mort ceux qui s'abstenaient de prendre parti dans les discordes civiles : nos lois sont moins sévères, mais l'opinion publique considère, comme indigne du titre et des droits de citoyen français quiconque néglige de les exercer.

———

La réponse de l'immense majorité est connue d'avance. De là les colères que l'appel au peuple

a excitées dans les partis hostiles au gouvernement, de là les efforts qu'ils ont faits pour l'empêcher : ils savent que, pour se prononcer entre
eux et le nouvel Empire, la France n'a qu'à se
souvenir et à comparer. L'arbre se juge par ses
fruits.

D'un côté, l'impuissance avec les priviléges,
ou l'anarchie avec les ruines qu'elle entraîne ;
de l'autre, l'ordre, la gloire et la liberté avec la
prospérité qui en est la suite.

—

Certes, les gouvernements les plus parfaits
commettent des fautes ; le gouvernement impérial a loyalement reconnu les siennes et, ce qui
est mieux encore, il s'est mis dans l'impossibi-
lité de les recommencer.

Cependant, la plupart de celles qu'on lui re-
proche lui sont bien moins imputables qu'à
certains événements imprévus, qui ont déjoué
ses plus habiles combinaisons.

D'ailleurs, que pèsent les quelques fautes

qu'il a pu commettre, en présence de tant d'œuvres utiles, de choses si grandes et si belles qui lui assurent la reconnaissance du pays et l'admiration de la postérité ?

—

Quel gouvernement aurait fait, en trois siècles, ce que celui de l'Empereur a réalisé en 18 ans ?

—

Pendant cette courte période les revenus de notre agriculture se sont accrus de plusieurs centaines de millions.

Notre commerce, tant intérieur qu'extérieur, a augmenté de plus de 10 milliards, et les valeurs mobilières, d'une somme plus considérable encore.

Nos chemins de fer comptent aujourd'hui 12,000 kilomètres de plus qu'en 1851; nos canaux, nos routes, nos chemins de toutes sortes ont suivi la même progression; le service des postes s'est étendu aux plus petites localités et le réseau télégraphique couvre la France entière.

Les grandes villes ont été assainies et embellies au point qu'on ne les reconnaît plus.

Jamais aucun gouvernement n'avait autant fait pour encourager les arts et développer l'instruction à tous les degrés, surtout l'instruction primaire.

La liberté des cultes n'a jamais été plus complète, la religion et ses ministres plus respectés.

Les établissements de bienfaisance et les sociétés de secours mutuels se multiplient sous toutes les formes et reçoivent, chaque année, de plus larges subventions de l'Etat ainsi que de la munificence du Souverain.

N'est-ce pas aussi par la volonté de l'Empereur que la classe ouvrière est aujourd'hui complétement émancipée et mise sur le pied d'une entière égalité avec ses patrons?

Que n'a-t-il pas fait pour améliorer le sort de nos soldats et de nos marins, perfectionner leur armement et les mettre en état d'ajouter encore à la gloire de leurs illustres devanciers?

Deux grandes guerres nationales ont replacé la France au premier rang des nations et agrandi son territoire en lui rendant ses limites naturelles du côté des Alpes.

A aucune époque la France ne s'est sentie plus puissante et n'a été plus respectée de l'étranger.

Cependant, malgré les dépenses que ces faits glorieux, que ces progrès si étonnants, si rapides ont entraînées, les ressources de la France ont suffi à tout, sans que les impôts aient été augmentés.

Par suite du développement de la prospérité générale, les revenus de l'Etat se sont accrus, sous l'Empire, d'environ 800 millions.

En présence de pareils résultats, n'est-il pas évident que l'Empereur a dépassé les espérances que la France avait mises en lui ?

Mais, s'il est incontestable qu'il a parfaitement rempli la première partie de sa tâche, qui consistait à rétablir l'ordre et à développer la prospérité publique par l'*autorité*, pourrait-on hésiter à lui confier l'accomplissement de la seconde partie de cette tâche, qui a pour objet de réaliser les progrès politiques et sociaux par la *liberté?*

—

Quel regime pourrait mieux que l'Empire se charger de cette grande et noble mission? Son passé ne répond-il pas de l'avenir ?

Tandis que les partis n'offrent la France que de vagues promesses, des théories plus révolutionnaires ou plus absurdes les unes que les autres, et s'adressent aux plus mauvaises passions, l'Empereur se borne à faire tout le bien possible ; il ne s'adresse qu'a la raison, aux sentiments les plus élevés du cœur humain, et ne s'appuie que sur les grands intérêts du pays.

—

Personne ne saurait s'y tromper. La question se pose entre le maintien d'un gouvernement dévoué à l'ordre en même temps qu'aux classes populaires, et la révolution démagogique dont le résultat immédiat et infaillible serait de répandre partout la misère et de rendre impossible toute amélioration sociale. On ne fonde rien au milieu des tempêtes.

Le peuple français a le plus sûr moyen de les écarter; c'est de se rendre au scrutin comme un seul homme et d'y déposer une telle masse de OUI, que les ennemis de la prospérité publique, effrayés de leur petit nombre, soient enfin forcés de se taire et de laisser la nation marcher d'un pas tranquille et ferme à l'accomplissement de ses hautes destinées.

—

N'est-il pas temps que la confiance se ranime,

que les affaires reprennent, que l'industrie, le commerce et le travail puissent enfin compter sur un avenir durable, et soient mis à l'abri des caprices des perturbateurs ?

———

Vous tous qui aimez la France, songez à ce qu'elle deviendrait si, par votre indifférence ou votre complicité, vous la laissiez retomber entre les mains de ces énergumènes qui ont prouvé, en 93 et aux journées de juin 1848, ce qu'ils savaient en faire.

Libéraux et conservateurs de toute condition, n'oubliez pas que la liberté n'est possible et durable qu'avec un pouvoir assez fort, c'est-à-dire assez populaire pour la faire vivre avec l'ordre.

Travailleurs de toutes les classes, souvenez-vous que jamais personne n'a fait autant que l'Empereur pour améliorer votre sort. Voulez-vous qu'il puisse achever votre émancipation ? Donnez-lui en le temps et le moyen en renou-

velant dans l'urne du scrutin la sainte alliance
de l'Empire avec la démocratie.

Entre l'Empire qui est l'*affirmation*, et la république démagogique qui est la *négation*;
entre le OUI et le NON, pourriez-vous hésiter

Paris. — Imp. Ch. Schiller, faub. Montmartre, 10.

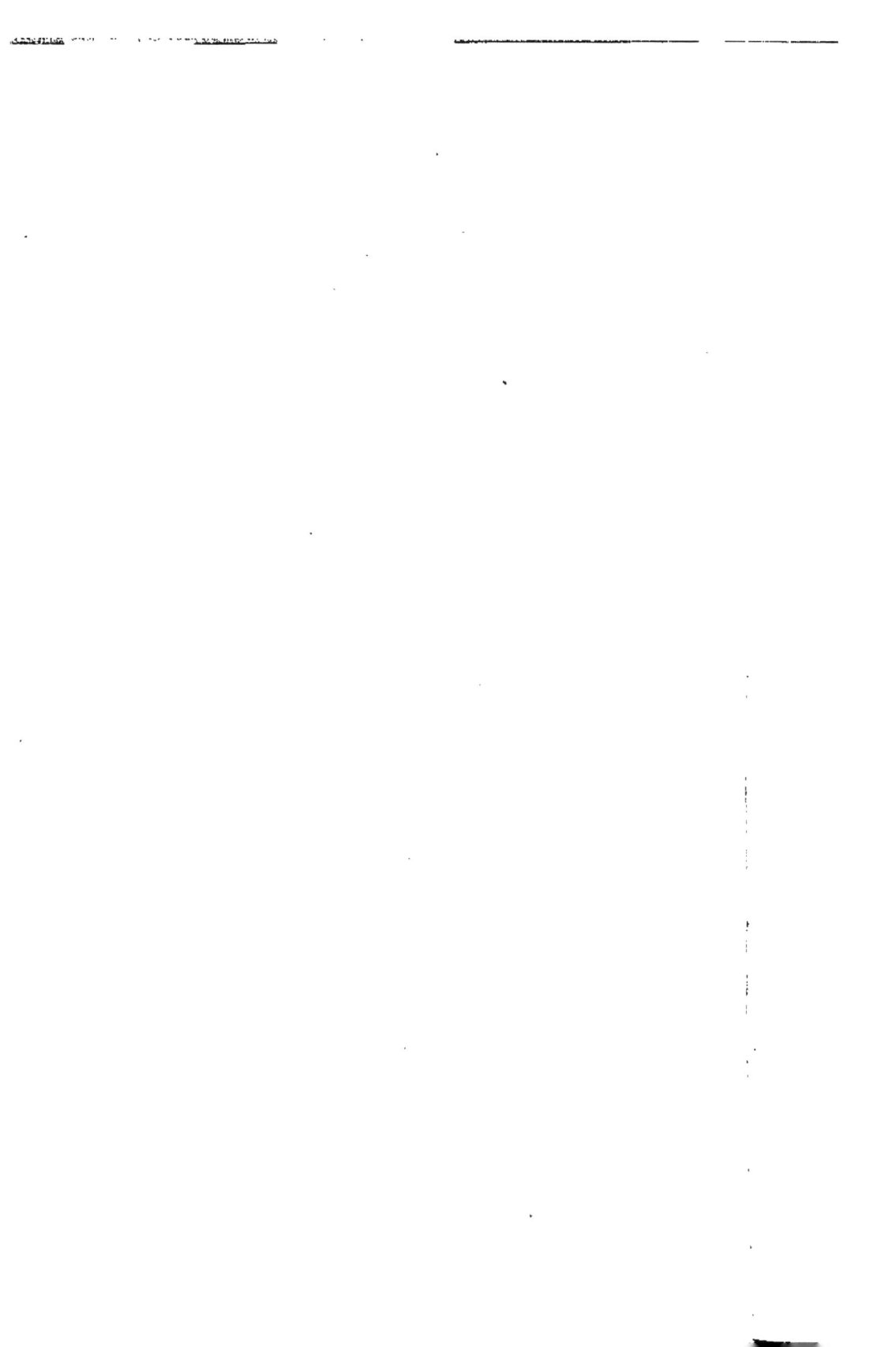

www.ingramcontent.com/pod-product-compliance
Lightning Source LLC
Chambersburg PA
CBHW070757220326
41520CB00053B/4531